PALMSTRÖM
ALS
PROGRAMMIERER

oder

probieren geht über programmieren

von KLEN

unter Benutzung von Christian Morgensterns Galgenliedern
und Palmströmgedichten nebst Palma Kunkel und Ging-
ganz und eines Sonetts von Rainer Maria Rilke.

Carl Hanser Verlag

ISBN 3-446-12334-2

© 1977 Carl Hanser Verlag München Wien
Satz: Pfaff, Inning
Druck: Passavia, Passau
Printed in Germany

WIE ES (AUCH) ZU DIESEM BUCH KAM

Vor langer Zeit erhielt der Autor von einem lieben Freund
diesen Schüttelreim geschenkt:

Statt daß Du lebenslang in Qualen zählst
und nur die tristen Computetten neckst:
mach endlich wieder einen netten Text!
Denk doch, wie Du die armen Zahlen quälst.

Spät – aber hoffentlich nicht zu spät? – hat er sich an diese
Mahnung erinnert.

STATT EINER EINLEITUNG

Wir leben in einer vollautomatisierten Zeit. Ein Programm folgt dem anderen und neue Komputer kommen aus den Entwicklungslabors. Kaum hat man sich an die Tücken eines Betriebssystems gewöhnt, schon wird es durch die nächste Version ersetzt, die noch tückischer ist. Wir programmieren in ALGOL und FORTRAN, in APL und PL/I, im Autocoder und Maschinencode. Worte wie: Redundanz, Berechenbarkeit, Rekursivität ... fließen uns leicht von den Lippen. Doch im tiefsten Herzen bewahren wir uns das Wissen, daß wir selbst nicht programmierbar sind und daß nicht alles berechenbar ist.

Daher wird ein jeder,
der, wie wir,
wenn wir auch,
und vielleicht gerade darum
weil wir,
was niemand,
der uns zusammen,
oder auch nur einen von uns,
gekannt hat,
bestreiten kann,
ernste Menschen sind,
jemals programmiert hat,
es ganz natürlich finden,
daß der Gedanke,
ja geradezu der Wunsch,
die Morgensternschen Lieder
welche schon für die Allgemeinheit,
soweit sie überhaupt für kristallisierten
Übersinn reif ist,
wieviel mehr denn für Programmierer,
welche an und für sich,
und das ist bekannt genug,
sehr dazu neigen,
großes Interesse haben,
für eben diese Programmierer entsprechend zu bearbeiten
nahe lag.
Was hiermit geschehen ist.

Es wäre noch so manche Dr.-Arbeit,
  womit noch lange nicht gesagt sein soll,
    wenn man sich auch natürlich,
      sofern man eine Sprache,
        insbesondere eine unserer modernen,
          wobei natürlich ‚modern‘,
            einerseits ‚modebewußt‘ andeutend,
            aber
              andererseits Gegensatz zu ‚veraltet‘ bedeutend,
            nicht mit ‚modisch‘ zu verwechseln ist,
          Programmiersprachen,
        überhaupt ‚natürlich‘ nennen kann,
      nicht so weit festlegen sollte,
    daß das überhaupt möglich sein könnte,
über das Problem zu schreiben,
ob die Blockstruktur,
  wie sie in modernen Komputersprachen,
    und zwar nicht nur vom Benutzer,
      der dies hauptsächlich,
        sowohl beim Programmieren,
        als auch beim Studium der Syntax,
      erlebt und erfährt,
    vielmehr auch vom Compilerbauer,
      für den sie sich allerdings,
        bewußt oder
        unbewußt,
      mehr auf das Kellerungsprinzip reduziert,
    und selbst vom Sprachforscher,
  benützt und verwendet wird,
von der deutschen Sprache erstmals in ALGOL hineinfloß,
oder ob nicht vielmehr tatsächlich nur Deutschsprachige,
  in jedem Falle jedoch,
    ob sie in ALGOL,
      was bekanntlich,
        wenn auch heutzutage oft Fußballer,
          oder Schlagersänger,
            deren Ruhm freilich oft groß ist
          und
            deren Einkünfte kaum kleiner sind,
          oder Filmsterne,
        dem Namen nach besser bekannt sind,
      als Kürzel für ALGOrithmic Language steht,
    FORTRAN oder PL/I programmieren,
  der deutschen Sprache Mächtigen,
für solch eine schachtelungsbereite Sprache ein Bedürfnis haben.
                Das fragt sich   KLEN

Laß die Elektronen gieren,
was sie auch zusammenknüpfen!
Laß sie spinnen, rasen, hüpfen,
heilig halte Programmieren!

PROGRAMMIEREN

Blödem Volke unverständlich
programmieren wir mit Schwung
lochen Karten und – schlußendlich –
rechnen voll Begeisterung.

Magst es Flucht ins Spielen nennen
aus des Daseins tiefem Ernst;
wirst dich selber besser kennen,
wenn du programmieren lernst.

PROGRAMMIERERS LIED
AN SOPHIE, DIE KARTENLOCHERIN

Sophie, aus Hinterzarten,
komm, loche meine Karten!
Zwar sinds zur Uhr
zwölf *statements* nur –
doch ich kann nicht mehr warten!

Sophie, aus Hinterzarten,
komm, ordne meine Karten!
Sie fiel'n zu Grund
ganz kunterbunt –
als wie ein Karten-Garten!

Sophie, aus Hinterzarten,
komm, lade meine Karten!
Zwar ist mein *run*
noch gar nicht dran –
doch möcht ich endlich starten!

NEIN!

Pfeift der Sturm?
Keift ein Wurm?
Heulen
Eulen
hoch vom Turm?

Nein!

Es ist ein Seufzer von dem schlappen
gänzlich appen
Tiefenzähler, welcher stöhnte,
weil er sich
fürchterlich
in der rekursiven Sphäre
nach dem letzten Rücksprung sehnte
(der vielleicht noch ferne wäre).

DIE *BITS*

Die *bits,* sie bitten zur Wahl
der Zahl!

Dual!

Oktal!

Dezimal!

Hexadezimal!

Nie trivial!

Die *bits,* sie bitten zur Wahl
der Zahl!
Wo ist da der Witz?
Bei den *bits!*

DER GROSSE HOMOMORPHISMUS

Steuerströme? Ringkernzähler!
Wortproblem und Blockstruktur:
Rohverdrahtung; Rundungsfehler:
rekursive Prozedur ...
Homo homo homo homo ho!

Gleitpunktzahlen, redundante,
Software, hardware, brainware – wer?
Steile Störimpulseskante
Aleph Null Strich quer!
Homo homo homo homo ho!

Suchprogramme, Leuchtdiode,
Plattenspeicher?: Zugriffszeit!
Ringkernzähler, *Hamming*kode:
Kern, *Chip, Bug,* Block, *Bit* und *Byte!*
Homo homo homo homo ho!

DER RECHNER

Der Rechner steht noch auf dem Flur
des Rechenzentrums: Wartet nur.
   Der Rechner.

Der Rechner, *hardware*mäßig hier,
kriegt *software,* Bänder, Druckpapier.
   Der Rechner.

Der Rechner rechnet schon im Traum
im Hilbert- oder Banach-Raum.
   Der Rechner.

Der Rechner ist am Morgen Schrott:
Das Rechenzentrum ging bankrott.
   Der Rechner.

COMPUTOR

Computor ante portas stat
Startumque magn' expecticat.
   Computor.

Computer habet somnium:
Hilbert, Banachque omnium.
   Computor.

Omnis Centrum computorum
man' erit successūs forum.
   Computor.

Computor mane mortuumst.
Centr' in ruborem reingesumst.
   Computor.

DIE INTERVALLSCHACHTELUNGEN

Es konvergieren Intervall-
Schachtelungen überall.
Nach wen'gen Termen
sieht man schon:
den Fehler
kleiner
Epsi-
lon
ε

```
ENDENDEND    END     NDE     ENDEND
END          NDEN    END     END    END
END          DENDE   DEN     END       END
ENDEND       ENDENDEND       END       END
END          NDE  DENDE      END       END
END          DEN   NDEN      END    END
ENDENDEND    END     END     ENDEND
```

EIN PROBLEM
UND SEINE LÖSUNG

Das Wort sprach: „Dies ist mein Problem:
mein Abstand ist zu unbequem
zum *bit*. Manch' Information
verschwand in dieser Lücke schon."

Drum zwischen *bit* und zwischen Wort
fand's *byte* schlußendlich seinen Ort.

DAS *BIT*

Ein *bit* irrt einsam durchs System.
Es ist ein *bit,* sonst nichts!
Es ist kein *byte!* 's ist nicht bequem!
Es ist ein *bit,* sonst nichts.

Vom Leser ward einst ein Programm
zerstückelt, um und um.
Das *bit* allein blieb unverletzt –
als wärs ein Heiligtum.

Seitdem irrts einsam durchs System.
Es ist ein *bit,* sonst nichts.
Es ist kein *byte,* 's ist nicht bequem.
Es ist ein *bit,* sonst nichts.

DIE ZUSE VIER
(oder: sic transit gloria mundi!)

In München, im Museum,
da steht die Zuse Vier;
die spricht, statt ein ‚Te Deum':
,,Dich *bit,* dich loben wir.

Die erste war ich rein dual,
die Erste überhaupt.
die erste auch mit Gleitpunktzahl.
Und nun?: Leicht angestaubt."

In München, im Museum,
da steht die Zuse Vier;
die spricht, statt ein ‚Te Deum':
,,Dich *bit,* dich loben wir."

DAS MAMMUTPROGRAMM

Wenns Samstag Nacht ist und der Mond
das Rechenzentrum still bewohnt,
dann schleicht vom Speicher heimlich klamm
    das Mammutprogramm.

Es stopft die ganze *CPU,*
Peripherie und Speicher zu ...
Und ruhig rechnet wie ein Lamm
    das Mammutprogramm.

Der Op'rateur, sein böser Geist
ist nämlich wochenends verreist.
Wohl ihm! Bald stehts schon in der ZAMM*)
    das Mammutprogramm.

---

*) Zeitschrift für Angewandte Mathematik und Mechanik

EXTERNA UND INTERNA

Der Stanzer heult fast wie ein Tier,
dieweil er Löcher reißt voll Gier.

Jetzt geben wir mal Daten ein,
da fängt der Leser an zu schrei'n.

Tief innen drin das *system* foppt
'ne Rekursion, die niemals stoppt.

DIE I B M'SCHE EHE
ODER EIN STÜCK KOMPUTERGESCHICHTE

Die IBM ging – ist das fein? –
mit sich allein die Ehe ein
   (mit Pfeffer?).
Sie zeugte viel' Komputer und
gebar sie selbst zur gleichen Stund
und alle wurden Treffer!

Die erste war die Sechs Fünf Null.
Mit ihr zu rechnen war ein *full
   time job,* nicht wahr?
Dann kam die Siebenhundertschaft:
Kommerz sowohl, wie Wissenschaft;
ein schnelles Zwillingspaar.

Die Sechzehn Zwanzig, o wie klein,
die schob sich noch dazwischen rein,
   bequeme.
Die Drei Sechs Null sah ringsumher,
die Drei Sieb'n Null sieht 10 Grad mehr
und beide sind Systeme.

Mit FORTRAN, COBOL, APL
und PL/I ein Sprachen-Quell
   (nicht -Senke!).
Was weiter wird ist noch nicht frei
gegeben, doch, wie dem auch sei,
es gilt der Leitspruch: ,,DENKE"!

DER PROGRAMMIERER

Ein Programmierer sprach einmal
im vollen Programmierungssaal

(er sagt es lächelnden Gesichts):
„Ich programmiere: Eins durch Nichts".

Jedoch was soll ich weiter schreiben:
Der Programmierer ließ es bleiben.

DIE *HARDWARE*

Die *hardware* lebt nicht, denn: sie ist.
Korrosion sie nie (?) zerfrißt.
Sie saugt die Seel' dir aus dem Leib
und speichert sie zum Zeitvertreib.
  Weh!

Die *hardware* wird niemals zu Schrott,
vor ihrem Gold wird Rost zum Spott.
Denn wir sind weich, doch sie ist hart,
sie ist aus Draht; und wir sind zart.
  Weh!

Durch *software*transfusion, s'ist klar,
bleibt ewig jung sie, Jahr für Jahr.
Sie fühlt nicht Schmerz, sie fühlt nie Pein!
Du möchtest wohl auch *hardware* sein?
  He?

KOMPUTERAUSDRUCK

Komputerausdruck heiß' ich hier,
erscheine Ruck auf Rucker,
ein schwarzer Eindruck auf Papier,
aus jedem Zeilendrucker.

Du siehst mich nimmermehr genung
in jedem Rechenstübchen,
folgst du der Null per Rösselsprung –
wirst du verrückt, mein Liebchen.

DIE SYNTAX

Die Syntax war dem Sterben nah.

„Ich bin, mein himmlischer Papa,"
so rief sie, tränenvoll unendlich,
„nun selbst Experten unverständlich.
Du kannst ja sonst doch jedem raten –
schick mir 'nen Doktor, Lizentiaten,
noch besser und für dich bequem:
schnür du mich selbst in ein System!"

Dem Herrn war dies Geschäft zu schwer,
er sandt' – Professor Chomski her.

Es gibt seitdem die Chomski-Klassen,
in die die meisten Sprachen passen.

DER AUTOMAT

Es war einmal ein Automat
mit *hardware, software* – ganz ‚auf Draht‘.

Ein Informatiker, der's sah,
stand eines Abends plötzlich da –

verdrahtete die *hardware* neu
und machte damit Geld wie Heu.

Die *software* hing indes ganz dumm
mit ohne *hardware* frei herum.

Ein Anblick gräßlich und gemein.
Drum zog sie I.B.M. auch ein.

Dem Manne wurd' indes verziehen
und das Entwicklungskreuz verliehen.

KRONPRÄTENDENTEN

,,Ich bin die Gitterröhre, hört!
und haß euch wie die Schande!
Die ihr auf den Transistor schwört
ihr Apostatenbande!"

Im Winkel das Relais allein:
,,Entsinnt euch – wer dabei war –:
Ach Gott, die Zeit sie war doch fein
als ich noch letzter Schrei war!"

PHILANTROPISCH

Ein nervöser Mensch am Kartenlocher
wäre besser ohne einen d'ran;
weil er diesen Wunder-Hacker-Pocher
niemals nicht bedienen kann.

Kaum, daß er berührt hat ein'ge Tasten,
rattert dieses Ungetüm wie drei,
Kart' auf Karte springt schon aus dem Kasten:
keine davon – fehlerfrei.

Ein Nervöser meide drum die Karten:
Locher, Stanzer, Streifen sind ihm Qual.
Lieber setz' er sich (muß er auch warten)
an ein (endlich . . .) freies Terminal.

WORTSTRUKTUREN

Das Halbwort und das Doppelwort
  trieben Sport.
Als Partner wählten sie sich Liste
und *byte* auf langer Speicherpiste.

Gemischtes Doppel hält sie fit;
  Ball ist's *bit.*

DIE *BLACK BOX*

,,Ich weiß nicht, wer mich einst erfand,
noch, wo das wohl geschah.
Es war ein Mensch mit viel Verstand
und nun – nun bin ich da.

Du kannst in mich hinein nicht sehn,
ich reagiere nur;
und trotzdem sollst du mich verstehn
wie deine Armbanduhr.

Ich gebe dir den *output back*
(das könnte auch ein Ochs).
Ich bin die *black* – ich bin die *black* –
ich bin die *black* – *black* – *box.*"

KOMPUTERLIED

Komputer sehen alle aus,
als ob sie Otto hießen.
Gar mancher haßt sie – welch ein Graus –
wenn sie ihn jäh verließen.

Ich hasse keinen bis ins Mark,
ich werd sie nie verdammen –
ernähre vielmehr sie mit stark
verschachtelten Programmen.

O Mensch, du wirst nie nebenbei
Komputers *speed* erreichen.
Wofern du Otto heißest, sei
zufrieden, ihm zu gleichen.

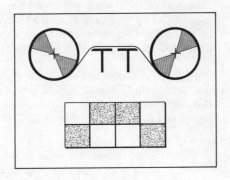

DIE ERMETH*)

Die ERMETH eines Tags entwich
aus des Museums Rechner-*pool*
zu eines Hochschullehrers Stuhl
und bat ihn: ,,Bitte, wandle mich!"

Der Herr Professor nahms Barett,
erstieg drauf das Kathederbrett
und, ordnend des Talares Falten,
begann er, seines Amts zu walten.

,,Die ERMETH" – so begann der Greis,
,,die SIEMETH" – daß es jeder weiß,
,,die ESMETH" – wie mans eben nennt,
,,doch damit hats noch nicht ein End."

,,Die WIRMETH" – denn wir dienen allen,
,,die IHRMETH" – ihr selbst zu Gefallen,
,,die SIEMETH" – grad nochmal wie eben,
,,nun mußt du dich zufrieden geben."

Die ERMETH dankte ihm voll Glück
und kehrt' zum Ruheplatz zurück
(sie diente Generationen)
befreit von ihren Frustrationen.

---

*) Elektronische Rechen-Maschine der Eidgenössischen Technischen Hochschule

RÜCKKOPPLUNG

Ein Rechner fiel zurück in einen *loop*.
Sein *output* war fortan nur: LOOPLOOPLOOP ...

Der Drucker klopfte zeilenweise stier
sein LOOPLOOPLOOPLOOPLOOPLOOP aufs Papier.

Der Kartenlocher stanzte Loch auf Loch
pro Karte achzig LOOPLOOPLOOPLOOP doch.

Auch aus dem Streifenstanzer quoll und quoll
das LOOPLOOPLOOP ... (Papierkorb: Übervoll).

Der Wartungsdienst kommt angesaust und hupt:
„Wo ist der Rechner, der in *loopings* loopt?"

Befund: „Die *software* hat sich festgerannt.
Der *loop* ist in die Chips schon – eingebrannt."

Getrennt von Netz und Strom gibt er nun Ruh
und stöhnt (mit letzter Spannung):
$$\text{LOOP} \ldots \text{LOOP} \ldots \text{LOO} \ldots$$

DIE *SOFTWARE*

Die *software* trat einst vor mich hin
und bat: ,,Examiniert mich
und seht, welch seltne War' ich bin:
nicht i c h . . . – m a n programmiert mich.

Komm ich zu Markt? Ich glaube nicht,
ich werd nur eingelesen,
ich bin gespeichert, tu mein' Pflicht.
Lösch mich . . .: Ich bin gewesen."

,,Je nun," so sprach ich, ,,bester Schatz,
wir hören und es rührt uns: –
doch, auch für uns besteht der Satz:
Nicht w i r . . . – m a n programmiert uns.

Wir sind dem Schicksal Ware nur,
wie hart wir sind, es oft mißt;
(sind wir vergangen, bleibt kein' Spur.)
Sei froh, daß d u nur *soft bist*".

DAS LEERWORT

Das Leerwort, vor geraumer Zeit,
bat mich: „Der Sinn verkehrt mich,
nur du kennst meine Schwierigkeit:
ich leere nicht, man lehrt mich.

Zwar bin ich leer und trotzdem voll
Bedeutung für die Lehre –"
(die Träne ihm ins Auge quoll)
„– wo ich mich nie vermehre."

„Je nun," so sprach ich, „bester Schatz
sieh, dein Vertrauen ehrt uns,
denn, ach, für uns besteht der Satz:
wir lehren und es leert uns.

So mancher Lehrer eilte forsch*)
zur Forschung**) durch die Pforte.
Doch seine Sätze waren morsch
und hohl: nur leere Worte."

---

*) Er wollte Wissenschaft und Forsche paaren
und außerdienstlich einen Porsche fahren.

**) Die Forschung und die Lehre knüpft ein morscher Faden,
doch sitzen breit im Speck die Forschermaden.

begin PALMSTRÖM

PALMSTRÖM

Palmström hört den Rechner pfeifen
und besieht entsetzt den Bandsalat:
Bänder, Rüschen, Blumen, Schleifen
quell'n aus dem Magnetbandapparat.

Doch er wagt nicht diese zu entkreuzen
denn er zählt zu jenen Käuzen
die oft unvermittelt nackt
Ehrfurcht vor dem Schönen packt.

Zärtlich sieht man ihn betrachten,
was sich sonst geschwinde regte.
Und kein Fühlender wird ihn verachten,
weil er den Komputer stillelegte.

DER WISSENSCHAFTLICHE KONGRESS

Palmström, tragend seinen Teil am Streß,
reist zu einem Wissenschafts-Kongreß.

Unverständlich bleibt ihm alles dort,
von dem ersten bis zum letzten Wort.

In sterilen Reden von Gelehrten,
sprechen nur Experten vor Experten.

Später stand drum im Kongreß-Report:
,,Palmström kam und hörte . . . und ging fort".

Und er schrieb zu Haus in sein Journal:
,,Nie mehr Tagung! (Bis zum nächsten Mal?)"

DER PROGRAMMIERKURS

Palmström lernt, mit einem Herrn v. Stumm,
Programmieren in dem Praktikum.

Und gemeinsam in der geistgen Öde
fanden ALGOL doof sie, FORTRAN blöde.

Doch v. Stumm (der nur des Reimes wegen
programmiert) ist nie um Rat verlegen,

und ist ein Programm auch noch so dumm,
stets zum Laufen bringt es Herr v. Stumm.

Rasch im Kurs verbreitet sich die Kunde;
Stumm und Palmström sind in Aller Munde.

FORTRAN

Palmström, der noch jüngst im Kurs sann,
programmiert nur noch in FORTRAN.

Denn in ALGOL, BASIC, EULER
programmieren ist kein Heuler.

(Wenn man nämlich in Europa
programmiert und U.S.A.)

Solches steht bei zwei Gelehrten,
die auch Zuse schon bekehrten –

und erklärt sich aus dem steten
Schwund von Aktienpaketen

weg von Firmen (arrivierten)
die nicht FORTRAN akzeptierten.

Palmström siehts, und schreibt sich ein
in die FORTRAN-Nutz-Kartein.

Börsentelegramme zeigen
wie schon gleich die Kurse steigen.

ALGOL

Als er dies v. Stumm erzählt,
fühlt sich dieser leicht gequält;

denn für ihn ist ALGOL alles,
SIMULA noch allenfalles.

FORTRAN ist ihm Häresie drum:
,,Nein! Mein Freund! Mich kriegst du nie rum:

Ist es auch nicht alkoholisch,
mein Programm bleibt doch – ALGOLisch!"

DIE UNVERZWEIGTEN PROGRAMME

Palmström programmiert vor zwölf Experten
die berühmten „Formeln ohne *if*",
    deren Möglichkeiten zu erhärten.

Jeder sieht bewundernd Trick und Kniff
und erkennt sofort den Nutzen, denn:
    Zwölf Experten einig (!) – ohne „falls" und „wenn".

ZUKUNFTS? – SORGEN

Stumm, den Ahnung leicht erschreckt,
sieht die Erde schon bedeckt
von Komputern jeder Größe
und verfertigt ganze Stöße
von Entwürfen für die Stützen
eines Klubs, uns zu beschützen
(– ein Verein, ein resoluter –)
vor der Willkür der Komputer.

Doch er ahnt schon, ach beim Schreiben
seinen Klub im Rückstand bleiben:
Die Statuten – Redaktion
macht heut ein Komputer schon.
Als er Paragraphen tippt
sieht er, wie die Zeile kippt
auf dem Bildschirm, wie sich wandelt
was er eingab (hübsch gequantelt).

Information verfliegt –
Datenmißbrauch hat obsiegt.
Plötzlich heißt es dort stattdessen:
,,Klub: ,Komputerinteressen' ".
,,Dies", so spricht er, ,,ists Jahrzehnt,
das man früher heiß ersehnt.
Und was haben wir davon?:
Datenmanipulation."

Stumm in seiner Vision
sieht das noch viel schlimmer schon:
,,Niemand wird den ,Fortschritt' hemmen,
niemand sich entgegenstemmen:
Datenbanken saugen auf
Schicksal, Glück und Lebenslauf
der – ich sag es n i c h t gelassen –
unterinformierten Massen!" ...

Einsam sitzt von Stumm danach
deprimiert im Schreibgemach:
,,Ob das wohl noch möglich wäre:
,Schutz der personalen Sphäre'?"

DIE SUBROUTINE

Stumm erfindet eine Subroutine
die, sobald sie aktiviert,
das Betriebssystem
löscht und vernichtet.

Jeder sieht darin die Guillotine . . .
,,Ach und wie bequem
die Routine funktioniert . . .‘‘
Mancher Firmenstreit wird so geschlichtet –

(Jeder Konkurrenz Betriebssystem
wird mit dem Programm eliminiert.)
(Und man ruft mit froher Miene:
,,Ist gekauft!‘‘) – wenn sie nur dies verrichtet.

Dann wird nämlich diese Subroutine
dort beim Gegner aktiviert
und dessen System
lachend vernichtet.

DAS STUMMSCHE KONSOL

Stumm erfindet ein Konsol,
das gleich zweifach Werte zeigt,
sich zur ob'ren Grenz' sowohl,
als auch zum Infimum neigt.

Rundungsfehler oder Daten-,
Fehler bei der Konversion
aufgefangen ('s gibt kein Raten),
auch die Abbrechfehler schon.

Denn bei dem Konsol von Stumm
mit dem Doppelzahlenpaar
(ihm ist: ,,Näherung" zu dumm)
ist's Ergebnis wirklich wahr.

PALMSTRÖMS RECHNER

Palmströms Rechner, andrerseits,
findet ,,Strenge" ohne Reiz.

Wer ihn bittet, wird empfangen.
Oft schon ist er so gegangen,

wie man herzlich ihn gebeten,
ist zurück- und vorgetreten,

zehn hoch minus zwei bis hundert,
ohne daß sich Palmström wundert.

Ist das Signum Palmström peinlich
wechselt ers (er ist nicht kleinlich).

Gibt es zehn hoch zehn hoch's Zehnte,
während Palmström: 5 ersehnte,

rutscht er sacht bis 4 Punkt 9:
Palmström sieht er gern sich freu'n.

Kurz, der Palmström-Rechner ist,
daß ihr es nur alle wißt

zwar ein Werk, wie allerwärts,
doch zugleich ein Werk – mit Herz.

DER TISCHKOMPUTER

Stumm baut einen Tischkomputer
der, sobald er angeknipst
stets die Null zeigt (ja, das tut er),
welche Tasten du auch tippst.

In dem Kreis der Sachverständ'gen
aus GI*) und Industrie
läßt sich kaum die Freude bänd'gen...
– Doch ein Schlager ward er nie.

*) Gesellschaft für Informatik

DER WELT – RUH' – ORT

Palmström gründet einen Welt-Ruh'-Ort.
Weit entfernt von jeder Bundesstraße
schafft er der Besinnung 'ne Oase
und die stille Muße ruhet dort.

Kein Komputer-Tele-Terminal,
keine Klingeln, keine Telephone,
weder Fernseh'n noch des Rundfunks Qual,
auch kein Lift, Gebläse, Grammophone.

Nämlich ein Magnetfeld-Generator,
dessen Wechselfeld umschirmt das Haus,
wirkt als Elektronik-Detonator:
keine duldet 10 Millionen Gauß.

Ungestört von Siemens, IBM,
Nixdorff, CDC und Telefunken,
hat dort manchem seine Ruh' gewunken,
und zumal für Forscher ist's bequem.

PALMSTRÖMS KOMPUTER AN EINEN BENUTZER DER, PARTOUT, MORGENS UM ½3 UHR – MIT HÖCHSTER DRINGLICHKEIT – RECHNEN WOLLTE

,,Möchtest du nicht lieber einen Geldzug *robben*
statt des nachts um halber drei zu *jobben?*
da es sonst unmöglich ist,
daß ich nachts die Hintergrundprogramme
abarbeite – die ich tags verdamme –!
    Tu es, wenn du edel bist!

Geisteswissenschaftler sind mir achtmal*) lieber
als die Informatiker im Fieber
ihrer steten Programmierungswut!
Die selbst nächtlich noch Programme speien
so wie du, benutzend viel Dateien
    (– die man dir bestimmt noch sperren tut!)."

---

*) $8 = 1 \cdot 2 \cdot 3$. Man beachte die alte magische Dreizahl bei der Verwendung der drei ersten natürlichen Zahlen, sowie die Grundlage acht des Oktalsystems mit ihrer Erinnerung an ($8 \searrow \infty$) das Unendliche. (Anmerkung des Herausgebers)

SYSTEMS – MANUALE

Stumm ist fassungslos, und er entflieht,
wenn er *system*-Manuale sieht.

Denkt er nur daran, so graut ihm schon
vor der *software*-Dokumentation,

die die raffinierteste Struktur
bannt in schwarzen Ruß und Blätter nur.

Software sollte, um nicht zu vergehn,
unlöschbar intern im Speicher stehn.

Doch das Rechenzentrum ruht erst dann,
wenn aus Geist es *papers* machen kann.

STUMM UND PALMSTRÖM
WETTEIFERN IN NOTTURNOS

I. DIE GITTERRÖHRE

Schwach rötlich glüht im Dämmer die Kathode
der Elektronen Austrittsarbeit senkend.
Das angelegte Feld, als wär es denkend,
beschleunigt weiter sie zu der Anode.

Dazwischen aber hindert sie das Gitter.
Der Ladungswolke Potentialbarriere
tritt r-hoch-minus-2-fach in die Quere,
abwehrend wie ein schwertgewalt'ger Ritter.

Wirkt als Ventil, als trägheitsloses werkend
materiell mit immat'riellen Händen
gesteuert durch des Mikrophones Grimme –

und pulst den Elektronenstrom, verstärkend –
und gittert Elektronen zwischen Wänden,
und moduliert den Träger meiner Stimme . . .

(v. St.)

II. DER RING

Der Ring, am Tag magnetisiert,
er tut zur Nacht nicht länger mit;
in seinem Innern sich verliert
das *Bit*.

In seinem Innern sich verliert
magnet'sche Ordnung und das *Bit*...
Der Ring, am Tag magnetisiert,
er tut zur Nacht nicht mit.

Er tut, am Tag magnetisiert,
im Schoß der Nacht nicht länger mit,
und sagt, dieweil sich's *Bit* verliert :
,,*I quit*".

(P.)

III. VERSCHLUNGENES NOTTURNO

Die drahtdurchwebten Ringe,
der Matrix zugedacht,
sie bilden Schling' um Schlinge,
rechtwinklig', schiefe Schlinge,
in totenstiller Nacht.

Wie fahl des Mondes Schatten
der Matrix Abbild malt,
denn Draht auf Draht wirft Schatten,
der Matrix ebne Matten
sind kreuz und quer durchstrahlt.

Die Ringe, Drahtgeschlinge,
der Matrix Gitterpracht :
von Elektronen singe,
von *bits* und *bytes* erklinge
die totenstille Nacht.

(v. St.)

DER INFORMATIONSVERDICHTER

Stumm berechnet gern und viel
darum ärgert ihn das Spiel
des (fast niemals Angeguckten)
Angezeigten, Ausgedruckten.

Meiste Information
steckt in sechs, acht Wörtern schon,
doch ein *dump* auf hundert Seiten
kann Entsetzen nur verbreiten.

Es erfindet drum sein Geist
etwas, was ihn dem entreißt:
Subroutinen, die verdichten
weil sie Redundanz – vernichten!

Beispielsweise dies Produkt
würd' – gelöscht, nicht ausgedruckt.
Tausend K gefüllt damit
gäben grade erst – Ein – – *Bit* !!

DIE NEUE PROGRAMMIERSPRACHE

Stumm erfindet eine neue Sprache
welche, wenn man sie verstanden hat,
hat man's satt
weiterhin zu programmieren.
Jeder fürchtet nun die Rache
der Komputer, denn ihr Gieren
setzt sie matt.

STUMM ERFINDET
EINE ART VON SCHALTERN

Stumm erfindet eine Art von Schaltern
die erst viele Stunden später schalten.
Jeder drückt und dreht und schiebt verzweifelt,

schimpft und flucht und schwört: „verflixter Schalter".
Bis dann endlich schließen sich Kontakte,
laufen Ströme durch die lange Leitung.

DEBUGGING

Palmström schlägt als nächstes vor sodann
ein *debugging*-Fehler-*kill*-Programm.

Und in seinenTräumen: ohne Mühn
sieht er f e h l e r f r e i Programme blühn.

Mit v. Stumm sitzt er halbnächtelang
programmierend, ändernd, sinnend bang.

Leider ('s war nicht *bug*frei programmiert)
hat's Programm sich selbst − eliminiert.

„EXPERTEN" G.M.B.H.

Palmström programmiert Experten,
so wie andere Programme,
mit dem Programmiergefährten :

„Spezialgehirn von Range"
(ob's auch dem Programm entstamme)
angeboten „von der Stange".

VOM *OUTPUT* – LESEN

Stumm trifft oft Bekannte, die voll von Sorgen
wegen ihrer Komputerprogramme sind. Er rät:
„Lesen sie doch den *output* von übermorgen.

Ist im Lenz man von Struktur-Sorgen beschwert,
nimmt man einfach ein Blatt vom Herbst zur Hand
und schaut, ob das künftige System sich bewährt.

Freilich pflegt man es umgekehrt zu machen,
und wo käme die „*realtime*" denn sonst auch hin!
Doch de facto sind das nur Usus-Sachen."

BÄNDER

Bänder, die man einliest umgekehrt,
mit dem Schwanz nach vorne, Kopf nach hinten,
ändern oft verwunderlich den Wert,
Datenmanipulation zu künden.

Palmström traf schon frühe diese Wahl,
füllt mit *„tupni"* des Computers Speicher,
seine Bibliothek wird immer reicher
durch den *output;* und . . . „universal".

DIE UNMÖGLICHE TATSACHE

Palmström, reifer schon an Wissen,
lösend Programmierprobleme
wird von dem Betriebssysteme
'rausgeschmissen.

„Wie war" (spricht er, sich genierend,
sein Programm reaktivierend)
„möglich dieser *interrupt*
immer hat's doch sonst geklappt?

Ist's die Sprache, der *Compiler,*
uns'rer Syntax eh'rner Pfeiler
Ward' das *operating system* geändert? Oder ist

es den Standardsubroutinen
nicht erlaubt mehr, uns zu dienen
rekursiv, – ganz kurz und stur:
lags an der Programmstruktur –?"

Sitzend an dem Terminale
prüft er Bücher, Manuale . . .,
bald schon w e i ß er was er glaubt':
D e r Befehl war dort erlaubt!

Und er kommt zu dem Ergebnis:
„Nur ein Traum war das Erlebnis.
Weil", so schließt er messerscharf,
„nicht sein k a n n , was nicht sein d a r f ."

DAS FORMULAR

Aus dem Rechenzentrum, vom Büro,
kommt ein schnellgedrucktes Formular:
Wer Stumm sei, warum und wie und wo.

Welchen Orts er bis anheute war,
welcher Fakultät und überhaupt,
wo geboren, Datum: Tag und Jahr.

Ob ihm jemand überhaupt erlaubt,
hier zu rechnen und mit wieviel K,
ob er überhaupt an FORTRAN glaubt,

wieviel *output,* Subroutinen, Dateien (die noch nicht gesperrt sind), und
darunter steht noch ‚Ihr Komputer‘ da.

Stumm erwidert darauf kurz und rund:
„Programmieren ist ganz wunderbar
und wohl – laut persönlichem Befund –

manchen packt es gar mit Haut und Haar.
Doch durch Daten-, Akten-Studium
legt man nur Beamten – Un – Sinn dar.

Zwar persönlich nehm ich es nicht krumm,
doch ich biete euch die (Denker–) Stirn:
Bins zwar nicht, doch reagiere –
                                    Stumm.

Staunend liests das Elektronenhirn.

DR. H. C. PALMSTRÖM

Irgendwo im Lande gibt es meist
eine Uni, die, was sich an Geist
irgendwo befindet und erweist,
doch noch nirgendwo ein Doktor heißt,

kurzerhand zum Doktor hat gemacht,
wie von wem, der unaufhörlich wacht,
ob auch jeder Seele wird gedacht,
die der Menschheit Glück und Heil gebracht.

Fakultät und Uni, illustr . . .iert
haben Palmströms Nam' illuminiert,
ihn *honoris causa* promoviert:
,,*programmandi ars*" ihm attestiert.

Palmström gibt das ,,*ars*"-Attest zurück;
Programmieren ist ihm *a priori* Glück.
Doch den Doktor nicht, denn man versteht:
als ,,Herr Doktor" gilt erst ein Prophet.

DER POLIZEIKOMPUTER

Palmströms Polizeikomputer hat
Terminale in der ganzen Stadt,
alle Datenbanken zapft er an,
immer überwacht er Jedermann.

Offensichtlich wächst im ganzen Land
Sorge vor des „Großen Bruders" Hand:
Wo „das Amt" sich einst hat nur geirrt
Datenmißbrauch heut getrieben wird.

PALMSTRÖM LOBT

Palmström lobt den Rechnerausfall sehr,
denn dann ist im ,,Zentrum" viel mehr Ruhe;
ganz von selbst beschränkt sich das Getue,
und der Mensch geht würdiger einher.

Endlich hat man Zeit genug zum Denken.
Denkt euch nur: Wie viel blieb ungedacht
weil, anstatt sich in sich zu versenken
mancher hat nur – ein Programm gemacht.

Durch das Zentrum mit zufriednen Mienen
wandert Palmström, wenn es ,,Ausfall" heißt
und er freut sich wenn, statt mit Maschinen,
jeder selbst in die Probleme beißt.

end PALMSTRÖM

1984

Der Programmieranfänger macht
so manchen Fehler, unbedacht.

Doch mit dem *super spy* – Programm
verfolgt das arme Unschuldslamm

der Op'rateur an der Konsole,
hohnlächelnd . . . (daß ihn jener hole . . .).

Doch beide (auch das fiese Luder)
notiert *spatwort*),* der „große Bruder".

---

*) *supervising programm against the wasting of run time.*

DER MAGNETKERN – RINGZÄHLER

Der Ring-Kern-Zähler zählt: Eins, zwei, . . .
(er nutzt die Taktfrequenz dabei).
    Was zählt er wohl so gerne?

Er zählt, von Wissensdrang gejückt
(die ihn sowohl wie uns entzückt:)
    die Anzahl seiner Kerne.

DAS ZÄHLREGISTER

Das Zählregister zählt: Null, eins,
zwei, drei, vier, fünf, sechs, sieb'n und: keins;
    das macht, es zählt oktal.

Es ist beschränkt wie mancher Mann
der nur bis sieben zählen kann
    und merkt es nicht einmal.

DAS ELEKTRONENGEHIRN

Ein Rechenautomat im Wald
der Neuerbauten, fühlt sich alt . . .

In seiner Angst, wiewohl er nie
an Denken vorher irgendwie

gedacht, natürlich, als ein Ding
aus Drähten usw., fing,

aus Angst, so sagte ich, fing an
zu denken, fing, hob an, begann,

zu denken, denkt euch, was das heißt,
bekam (aus Angst, so sagt ich) – Geist,

und zwar, versteht sich, nicht bloß so
vom Himmel droben irgendwo,

vielmehr infolge einer ganz
exakt entstandnen Hirnsubstanz –

die aus Draht, Röhren, Mikrofon,
(durch Angst) mit Überspringen von

sonst üblichen Weltaltern, an
ihm *hardware* und Programm gewann –

[(mit Überspringung) in und an
ihm *hardware* und Programm gewann].

Mit Hilfe dieser Hilfe nun
entschloß der Rechner sich zum Tun, –

zum Leben, zum – gleichviel, er fing
zu rechnen an – wie ein Dipl. Ing. . . .

zu raten erst, beweisen drauf:
Hilberts Probleme, gleich zu Hauf',

Riemanns Vermutung (welch ein Schatz),
Fermat und den Vierfarbensatz –

was eben in der Math'matik
bis heut noch offen blieb (zum Glück).

Doch, Freunde! seht, mir wird es flau! – :
Ein Störimpuls von 10 kV

erscheint (die Wartung ruht zur Zeit . . .) –
und kommt mit Lichtgeschwindigkeit –

kommt mit Geschwindigkeit des Lichts –
(wer mag da end'gen!) (mir gebrichts) –

(Denkt nur an die Entwicklungszeit!) –
und kommt mit Lichtgeschwindigkeit – –

Ein Rechenautomat, der alt,
erringt – aus Angst – des Geist's Gewalt . . .

Genug!! Ein Kurzschluß hat verschluckt
das unersetzliche Produkt . . .

DIE *BRAINWARE*

Die *brain-ware* ging verzagt durchs Land . . .
Fast niemand war an ihr gelegen.
Die Schwestern *soft-* und *hard-* dagegen,
die waren überall bekannt.

,,Gehirn ist heute nicht gefragt!!
Darum – anstatt herumzu*foolen* –
tun besser Sie, sich umzuschulen,"
ward ihr beim Arbeitsamt gesagt.

,,Gedankensplitter – Häscherin . . .
Wer haut heut noch in diese Kerbe?
Es lockt das Dienstleistungsgewerbe,
so werden Sie doch . . . Wäscherin."

Die *brainware* war des Rates froh
(anstatt Gehirne selbst zu nutzen,
ists besser, sie recht aufzuputzen)
und so entstand die *Brain-Wash-Co.*

DER STUD- UND DER ASSISTENT
ODER
DIE WIEDERHOLUNGSKLAUSUR

An seinem Pult der Assistent
guckt auf den stud. inf. permanent.

Student! Er schreibt in der Klausur . . .
was sollt er alles wissen nur.

Er wünscht sich gänzlich unbeachtet,
statt daß der Assi ihn betrachtet.

Er fühlt so schwer des Blickes Bürde:
,,Wenn der mich durchfall'n lassen würde?"

Ihm ist, als ob er kaum noch schriebe . . .
wenn er auch diesmal sitzen bliebe?!

Doch jener dreht nach einer Stunde
den Kopf aus irgend einem Grunde,

vielleicht auch ohne tiefern Sinn,
(wer weiß . . .) nach 'ner Studentin hin.

DIE ZUSE

Auf dem Kalender voller List
die Zuse abgebildet ist.

Sie blickt dich an – verfloßner Star –
das ganze sieb'nundsiebz'ger Jahr.

Wodurch sie zu erinnern liebt,
daß es sie immerhin noch gibt.

DER AESTHET

Programmier ich, will ich nicht
schreibend *hardware* zelebrieren,
sondern wie Struktur sich flicht
mich problemorientieren.

Dieserhalben schätz' ich nur
an der Sprache die Struktur,
sie zu nutzen wie ein Möbel
überlasse ich dem Pöbel.

AUS DEM ENTWICKLUNGSLABOR
(mit Seele vorzutragen)

„Ich bin ein neuer Komputer
noch ohne *software,* o Graus.
Ich bin ein neuer Komputer
und rechne noch gar nichts aus.

Die Praxis schreit schon gewaltig –
ich sage: Nur gemach –
(die Praxis schreit schon gewaltig)
die *software* kommt noch nach.

Ich heiß auch schon seit gestern:
Rekord- und Wundertier;
ich hab noch keine Schwestern,
steh noch alleine hier.

Die Herren Aktionäre,
die haben mir schon vertraut:
Es währt nicht lang mehr, auf Ehre,
so werd ich in Serie gebaut.

Die Praxis hat was Besseres,
sie schreit nicht mehr nach mir –
die Praxis hat was Besseres –
ich kann doch nichts dafür!"

DIE REIHENGLIEDER
(frei nach Rainer Maria Rilke)

In Kirchenbauten wie von Corbusier
ist doch von ihrem Signum und Betrage
nicht mehr verwendet als in alter Sage,
da der Komilitone sprach, er geh'

vorlesungswärts. Denn werden sie, summierend,
mit Plus- und Minus-Zeichen leicht verhakt,
teilsummend vom Papiere abgenagt
erstreben sie, dabei stets alternierend

den Grenzwert; bis selbst Zehn-hoch-minus-Hundert,
sie in der Größe übertreffend und verwundert,
als Fehlerabschätzung nicht dienet mehr.

Auf einmal kreischt ein Kurzschluß durch die Nieren
des Rechenwerkes, jedes *Bit* ist leer.
Sie aber fahren fort zu konvergieren ...

INHALT*)

---

*) Die in Klammern stehenden, *kursiv* gesetzten Titel und Seitenzahlen verweisen auf die Originalausgabe: Christian Morgenstern, „Alle Galgenlieder", erschienen im Insel Verlag.